BEI GRIN MACHT SICH IHR
WISSEN BEZAHLT

- Wir veröffentlichen Ihre Hausarbeit,
  Bachelor- und Masterarbeit

- Ihr eigenes eBook und Buch -
  weltweit in allen wichtigen Shops

- Verdienen Sie an jedem Verkauf

Jetzt bei www.GRIN.com hochladen
und kostenlos publizieren

Bibliografische Information der Deutschen Nationalbibliothek:

Die Deutsche Bibliothek verzeichnet diese Publikation in der Deutschen National-
bibliografie; detaillierte bibliografische Daten sind im Internet über http://dnb.d-
nb.de/ abrufbar.

Impressum:

Copyright © 2012 GRIN Verlag, Open Publishing GmbH
Druck und Bindung: Books on Demand GmbH, Norderstedt Germany
ISBN: 9783668134720

Dieses Buch bei GRIN:

http://www.grin.com/de/e-book/314508/kryptographie-von-caesar-bis-rsa-klassische-
und-moderne-verfahren-im-vergleich

Tobias Steinicke

Kryptographie von Cäsar bis RSA. Klassische und moderne Verfahren im Vergleich

GRIN Verlag

FACHHOCHSCHULE DER WIRTSCHAFT

BIELEFELD

Praxisarbeit

Thema:

Kryptographie
Klassische: Cäsar, Viginère, Kasiski-Test, Friedman-Test, Moderne: RSA, Authentifizierung: Zero-Knowledge

Verfasser:

Tobias Steinicke

Studiengang:

Wirtschaftsinformatik

Eingereicht am:

02. Juni 2012

„There are two kinds of cryptography in this world: cryptography that will stop your kid sister from reading your files, and cryptography that will stop major governments from reading your files. "

(„APPLIED CRYPTOGRAPHY", BRUCE SCHNEIDER, 1996)

Inhaltsverzeichnis

Abbildungsverzeichnis

Tabellenverzeichnis

Abkürzungsverzeichnis

AES   Advanced Encryption Standard

EC   Electronic Cash

IC   Index of Coincidence (Koinzidenzindex)

ROT13   rotate by 13 places

RSA   Rivest, Shamir und Adleman

WLAN   Wireless Local Area Network

WPA, WPA2   Wi-Fi Protected Access (v2)

1 Einleitung

Schon vor Jahrtausenden verschlüsselten Menschen Nachrichten, damit sie nicht für jedermann lesbar waren. Vor allem Könige und andere Hegemonen wollten sicher sein, den Inhalt ihrer oft wichtigen Nachrichten nicht in den Händen ihrer Feinde zu wissen. Besonders in Kriegen, seien es die überlieferten cäsarischen Kriege (u. a. Gallischer Krieg 58-51 v. Chr.) oder Kriege im 20. Jahrhundert, wie der Zweite Weltkrieg (1939-1945), spielte das Können von Kryptologen und ihren Verschlüsselungen eine wichtige Rolle. Ihnen entgegen standen stets die Kryptoanalysten und ihre Methoden, die Verschlüsselungen zu brechen. Oftmals trug entweder die eine oder die andere Seite entscheidend zum Ausgang des Krieges – Sieg oder Niederlage – bei. So lieferten sich beide Seiten über Jahrhunderte ein Kopf-an-Kopf-Rennen der Bessere von beiden zu sein.

Aber auch in der Gegenwart hat Kryptographie im Zuge der exponentiell steigenden Verbreitung von Computern, Internet und dem Zeitalter der digitalen Kommunikation einen essentiellen Stellenwert, um private Informationen sicher verbreiten und schützen zu können. **Kryptographie ist alltäglich und allgegenwärtig**.

1.1 Zielsetzung

Das Thema Kryptographie ist zu mächtig, um es auf diesen wenigen Seiten ausführlich zu beschreiben. Deshalb beschränkt sich diese Praxisarbeit den Vorgaben entsprechend, einen Einblick auf einige der prägnantesten Vertreter der klassischen und modernen Kryptographie, sowie der klassischen Kryptoanalyse zu geben.

1.2 Gliederung

Kapitel 2 beschreibt die elementaren Grundzüge der Kryptographie und gibt eine Synopsis relevanter Begriffe dieses Themengebietes. Das nachfolgende Kapitel 3 erläutert zwei Vertreter der klassischen Kryptographie: Die Cäsar- und die Vigènere-Verschlüsselung. Weiterhin wird auch die klassische Kryptoanalyse nach Kasiski und Friedman beschrieben.

Während in Kapitel 4 ein modernes Verfahren der Kryptographie, das RSA-Kryptosystem, vorgestellt wird, resümiert Kapitel 5 die Funktionen des Zero-Knowledge-Paradigmas am Beispiel des Fiat-Shamir-Protokolls.

Das abschließende Kapitel 6 fasst diese Arbeit zusammen und gibt einen Ausblick auf die künftige Bedeutung der Kryptographie.

2 Grundlagen der Kryptographie

Der Begriff *Kryptographie*, vom griechischen *kryptós* (dt. „verborgen") sowie *gráphein* (dt. „schreiben") stammend, bezeichnet die Wissenschaft des Verschlüsselns. Die *Kryptoanalyse* bezeichnet einen weiteren Teilbereich der Kryptologie. Diese hat zum Ziel, anhand verschiedener Techniken Informationen über verschlüsselte Texte zu erlangen, um diese zu brechen, d. h. in den Besitz der eigentlichen Information zu gelangen, ohne der eigentliche Empfänger zu sein.

Um eine Information bzw. einen Text zu verschlüsseln, wird neben der unverschlüsselten Nachricht, oftmals als *Klartext* bezeichnet, ein *Schlüssel* benötigt. Anhand dieses Schlüssels, sowie bestimmten Methoden und Techniken, kann dann ein sogenannter Geheimtext, auch *Chiffre* genannt, erstellt werden. Dieser ergibt für einen nicht bestimmten Leser augenscheinlich zunächst keinen Sinn. Einzig derjenige, der im Besitz des entsprechenden Schlüssels ist, kann den verschlüsselten Text wieder in eine leserliche Form bringen.

Über die Jahrtausende wurden viele verschiedene Methoden entwickelt, Nachrichten zu verschlüsseln und vor Dritten – insbesondere Feinden – versteckt zu halten. Genauso wurden durch Kryptoanalysten aber auch immer wieder Methoden gefunden und entwickelt, die verwendeten Geheimschlüssel zur Entzifferung der Geheimschrift herauszufinden oder die Geheimschrift auf andere Weise (z. B. durch Analyse von Häufigkeiten) zu brechen.

Seit jeher hatten die meisten Verschlüsselungsalgorithmen einen entscheidenden Vorteil, nicht oder zumindest nicht allzu schnell entschlüsselt zu werden: **Die Zeit.** Doch mit jeder Dekade, mit jedem Jahrhundert, das verging, erlangten die Menschen – oder prägnanter: der Kryptologe – mehr mathematisches und logisches Wissen. Im 20. Jahrhundert kam eine weitere, starke Unterstützung durch Computer zum Einsatz. Unsere aktuellen Computer werden immer schneller, immer leistungsfähiger und somit ist es wahrscheinlich wieder nur eine Frage *der Zeit*, bis der *Faktor Zeit* auch für die aktuell gängigen und als vermeintlich sicher eingestuften Algorithmen keine oder zumindest nur noch eine geringe Rolle spielt.

Ein Wettlauf zwischen Kryptologen und Kryptoanalysten, welcher seit jeher existiert.

So manifestierte sich vor allem in den letzten Jahren ein Paradigma, das bereits 1883 vom niederländischen Kryptologen und Linguisten Auguste Kerckhoff in seinem Werk *La Cryptographie Militaire* erwähnt wurde: „*Die Sicherheit eines Kryptosystems darf nicht von der Geheimhaltung des Algorithmus abhängen. Die Sicherheit gründet sich nur auf die Geheimhaltung des Schlüssels.*"[1]

Viele Entwickler von Verschlüsselungssystemen entschieden sich in den letzten Dekaden, ihre Algorithmen öffentlich zugänglich zu machen und ihre Sicherheit somit der breiten Masse

---

[1]   Zitiert bei: Singh (2006), S. 27

zu unterziehen[2]. Vor allem der Geheimhaltung des Schlüssels wurde größte Aufmerksamkeit bemessen.

Grundsätzlich unterscheidet man zwischen *symmetrischen* und *asymmetrischen Kryptosystemen.* Während bei ersterem der gleiche Schlüssel zum Ver- und Entschlüsseln verwendet wird, ist bei asymmetrischen Verschlüsselungen ein anderer Schlüssel zum Entschlüsseln des Geheimtextes notwendig, als zum Verschlüsseln.

---

[2] Vgl. Hansen et al. (2009), S. 392

3 Klassische Kryptographie

3.1 Cäsar-Verschlüsselung

Die heute als *Cäsar-Verschlüsselung* bekannte monoalphabetische Substitution wird durch den römischen Schriftsteller Gaius Suetonius Tranquillus (70-120 n.Chr.) in seinem Werk DE VITA CAESARUM (Cäsarenleben) [3] wie folgt beschrieben *[...] si qua occultius perferenda erant, per notas scripsit, id est sic structo litterarum ordine, ut nullum verbum effici posset; quae si qui investigare et persequi velit, quartam elementorum litteram, id est D pro A et perinde reliquas commutet."*

Übersetzt heißt dies soviel wie: „*[...] wenn etwas Geheimes zu überbringen war, schrieb er in Zeichen, das heißt er ordnete die Buchstaben so, dass kein Wort gelesen werden konnte: Um diese zu lesen, tauscht man den vierten Buchstaben, also D für A aus und ebenso mit den Restlichen.*"[4]

Cäsar verwendete eine aus heutiger Sicht einfache Verschlüsselung, bei welcher jeder Buchstabe um eine feste Länge (nämlich immer $n = 3$), verschoben und durch den n-ten Nachfolger ersetzt wird. Auf diese Weise konnte er durch Substitution eine Geheimschrift erstellen, welche zu entziffern die Gegner wahrscheinlich nicht im Stande waren.

Klartextalphabet:	a	b	c	d	e	f	...	s	t	u	v	w	x	y	z
Geheimtextalphabet:	D	E	F	G	H	I	...	V	W	X	Y	Z	A	B	C

Tab. 1: Cäsar-Verschlüsselung

Man definiert unter dem *Klartextalphabet* ein *Geheimtextalphabet*, welches jeweils um die entsprechende Anzahl der Stellen verschoben ist. Möglich sind insgesamt 25 verschiedene Verschiebemöglichkeiten [5].

3.1.1 Beispiel

Für folgendes Beispiel wurde, wie von Sueton beschrieben, die Verschiebelänge $n = 3$ gewählt, ein *A* wird also durch ein *D* ersetzt, ein *B* durch eine *E* und so weiter.

Der Klartext

```
„Greift im Morgengrauen an"
```

---

[3]   Vgl. Tranquillus, Kapitel 56, Vers 6
[4]   Vgl. Hebisch (2010b)
[5]   Das klassische römische Alphabet besteht aus 23 Buchstaben, ergo ergaben sich 22 Verschiebemöglichkeiten. Vgl. Hebisch (2010)

würde dann als Geheimtext wie folgt aussehen:

„JUHLIW LP PRUJHQJUDXHQ DQ"

Anschließend wird dieser in gleichlange Blöcke unterteilt, auch, um keine Rückschlüsse auf die einzelnen Wortlängen zuzulassen:

„JUHLI WLPPR UJHQJ UDXHQ DQ"

3.1.2 Varianten

Die klassische Cäsar-Verschlüsselung wird auch heute noch eingesetzt: Die als *ROT13* bekannte Verschiebechiffre ersetzt dabei jeden Buchstaben um *dreizehn* Stellen versetzt und wurde oftmals in den früheren Usenets[6] eingesetzt. Jedoch nicht, um sicher zu verschlüsseln, sondern vielmehr um den Text zu verschleiern und den Leser somit zur Interaktion zu zwingen.

Eine Variante zur klassischen Cäsar-Verschlüsselung ist beispielsweise die *revertierte Cäsar-Verschlüsselung*[7], bei welcher das verschobene Geheimtextalphabet in umgekehrter Reihenfolge unter das Klartextalphabet geschrieben wird.

Klartextalphabet:	a	b	c	d	e	f	...	s	t	u	v	w	x	y	z
Geheimtextalphabet:	C	B	A	Z	Y	X	...	K	J	I	H	G	F	E	D

Tab. 2: Revertierte Cäsar-Verschlüsselung

3.2 Vigenère-Verschlüsselung

„Le Chiffre indéchiffrable" (dt. *"Die unentzifferbare Verschlüsselung")*

Bei der *Vigenère-Verschlüsselung*, benannt nach dem französischen Diplomaten Blaise de Vigenère (1523-1596), handelt es sich genau wie bei der Cäsar-Verschlüsselung (s. 3.1) um ein symmetrisches Verfahren, d. h. eine Nachricht wird mit dem gleichen Schlüssel sowohl ver-, als auch entschlüsselt.

Sie basiert zwar im Grundprinzip auf der Cäsar-Verschlüsselung, allerdings handelt es sich um eine *polyalphabetische Verschlüsselung*, d. h. jeder Buchstabe wird mit einer anderen Cäsar-Chiffre verschlüsselt. Damit soll die Analyse einer Buchstabenhäufigkeit und somit die Möglichkeit die Chiffre zu brechen, erschwert werden.

---

[6]   Vgl. Schneier (1996), S. 11
[7]   Vgl. Hebisch (2010b)

Lange Zeit galt diese Variante auch als sicher und „unentzifferbar"[8]. Das Gegenteil wurde erst über 300 Jahre später unabhängig voneinander durch Kasiski (s. 3.3) und Friedman (s. 3.4) bewiesen.

3.2.1 Prinzip

Die wesentliche Sicherheit der *Vigenère-Verschlüsselung* liegt in der Länge und Komplexität des Schlüssels. Um eine Nachricht zu verschlüsseln, wird die als *Vigenère-Quadrat* geläufige *Tabula Recta* (s. Anhang A.1) benötigt. Bei der *Tabula recta* werden alle Buchstaben des Alphabets quadratisch dargestellt, pro Zeile jeweils um einen Buchstaben weiter nach links verschoben.

Erstmals Erwähnung fand sie im Werk „POLYGRAPHIAE LIBRI SE" (*dt.* SECHS BÜCHER ZUR POLYGRAPHIE) des Benediktinerabts Johannes Trithemius (1462-1516)[9].

3.2.2 Beispiel

Mittels der *Tabula recta* wird der in 3.1.1 verwendete Klartext wie folgt verschlüsselt. Als Schlüsselwort wird „HONIG" gewählt.

```
HONIGH ON IGHONIGHONIG HO
Greift im Morgengrauen an
NFRQLA WZ UUYURVMYOHMT HB
```

Es lässt sich erkennen, dass ein Klartextbuchstabe nun (in den meisten Fällen) bei einer Wiederholung nicht nach dem selben Buchstaben verschlüsselt wird. Im oben dargestellten Beispiel wird das „r" aus „Greift" z. B. nach „O" verschlüsselt, was in einem „F" resultiert. Bei dem Wort „Morgengrauen" wird das erste „r" nach „H" verschlüsselt, was chiffriert ein „Y" ergibt.

Eine erste Wiederholung zeigt sich aber zufälligerweise bereits beim „r" im Teilwort „grauen". Auch hier wird nach „H" chiffriert, was ebenfalls ein „Y" ergibt.

Genau an diesen „zufällig" auftretenden Wiederholungen setzt der im nachfolgenden Abschnitt beschriebene Kasiski-Test an, um verschlüsselte Botschaften ohne Kenntnis über das Schlüsselwort zu brechen.

Eine Vigenère-Verschlüsselung gilt nur dann als nicht zu brechen, wenn

1. der Schlüssel mindestens genau so lang wie der zu verschlüsselnde Text selbst ist

2. und der Schlüssel „zufällig" verteilt ist, er soll also keinen Sinn ergeben (z. B. abgeschriebene Absätze aus einem Buch o. Ä.)

---

[8]   Vgl. Beutelspacher (2002), S 31 f.
[9]   Vgl. Hebisch (2010a)

Das folgende Beispiel weist keine Wiederholungen im Schlüsselwort auf und erfüllt die genannten Bedingungen:

```
QMANZU WN SOPGYCITKLDJ BV
Greift im Morgengrauen an
WDEVEN EZ ECGMCPOKKFHW BI
```

3.3 Kryptoanalyse: Kasiski-Test

3.3.1 Historie

Die Grundidee des Kasiski-Tests beruht auf der Wiederholung einzelner Codeblöcke.

Bereits 1854 hatte der englische Mathematiker Charles Babbage (1791-1871) eine ähnliche Methode zum Entschlüsseln des Viginère-Codes entdeckt, diese jedoch nie veröffentlicht[10]. So erlangte das Verfahren unter dem Namen *Kasiski-Test* Bekanntheit, benannt nach dem pensionierten preußischen Offizier Friedrich Wilhelm Kasiski (1805-1881). Dieser entwickelte das Verfahren unabhängig von Babbage und veröffentlichte es 1863 in seinem Buch *Die Geheimschriften und die Dechiffrierkunst*.

3.3.2 Grundprinzip

Unter der Prämisse, die Chiffre sei nach Vigenère verschlüsselt, wird der verschlüsselte Text nach sich wiederholenden Zeichenfolgen mit einer Mindestlänge von drei Zeichen oder mehr durchsucht. Anschließend wird ihr Abstand ermittelt, indem bei der ersten Folge einschließlich des ersten Buchstabens bis zum ersten Buchstaben der zweiten Folge gezählt wird[11].

Hat man dies für alle gefundenen Folgen durchgeführt, werden die einzelnen Werte in ihre Primfaktoren zerlegt, womit sich gleiche Teiler relativ schnell ermitteln lassen. Ausreißer, also zufällig entstandene Übereinstimmungen, werden nicht weiter betrachtet.

Nachteilig am Kasiski-Test: Es lässt sich nicht die genaue Schlüssellänge der Chiffre ermitteln, vielmehr erhält man nur das Vielfache der Schlüssellänge. Aus diesem Grund wird der Kasiski-Test oftmals auch in kombinierter Form mit dem Friedman-Test verwendet. Zusammen ergeben sie eine recht genaue Methode, um an das Schlüsselwort zu gelangen[12].

Im Anhang B.1 wird die Analyse einer Chiffre exemplarisch beschrieben.

---

[10] Vgl. Singh (2006), S. 105 f.
[11] Vgl. Ertel (2007), S. 38 f.
[12] Vgl. Bronstein et al. (2008), S. 389 f.

3.4 Kryptoanalyse: Friedman-Test

Einen anderen Ansatz verfolgt der nach dem bekannten Kryptologen William Frederick Friedman (1891-1969) benannte *Friedman-Test*: Zur Dechiffrierung des verschlüsselten Textes bzw. Erhalt der Schlüssellänge greift man auf mathematisch-statistische Methoden sowie einem *Koinzidenzindex* zurück, welchen Friedman in seiner 1922 veröffentlichten Arbeit „*The index of coincidence and its applications in cryptography*" beschreibt.

3.4.1 Definition des Koinzidenzindexes

Der Koinzidenzindex I (auch IC oder κ) gründet auf der Frage nach der Wahrscheinlichkeit, dass zwei beliebig aus dem Text gegriffene Buchstaben gleich sind. Sei die Länge des Alphabetes 26 (lateinisches Alphabet) und sei n_1 die Anzahl aller auftretenden „a", n_2 die aller „b", ..., sowie n_{26} die aller auftretenden „z"[13].

Die Länge n eines Textes definiert sich dann wie folgt:

$$n = \sum_{i=1}^{26} n_i \qquad (3.1)$$

Des Weiteren gilt, die Gesamtzahl aller Buchstabenpaare sei durch $\dfrac{n \times (n-1)}{2}$ definiert, wobei die Reihenfolge keine Rolle spielt.

Für das Buchstabenpaar $a \ldots a$ gilt dann bspw. $\dfrac{n_1 \times (n_1 - 1)}{2}$, wobei n_1 die Anzahl der Möglichkeiten das erste „a" und $(n_1 - 1)$ die Möglichkeiten ein weiteres „a" zu wählen, repräsentiert.

Über das gesamte Alphabet ergibt sich damit für die Gesamtzahl aller gleichen Buchstabenpaare:

$$n = \sum_{i=1}^{26} \frac{n_i \times (n_i - 1)}{2} \qquad (3.2)$$

Die Annahme, zwei beliebig gewählte Buchstaben seien gleich, berechnet sich nach dem von Friedman definierten *Koinzidenzindex* damit wie folgt:

$$\mathbf{IC} = \frac{\sum\limits_{i=1}^{26} n_i \times (n_i - 1)}{n \times (n-1)} \qquad (3.3)$$

---

[13]   Vgl. Ertel (2007), S. 42 f.; und Völler (2003), S. 80 ff.

Für die deutsche Sprache und einem „durchschnittlichen" Text liegt der Koinzidenzindex bei
ca. 7,62 % ($\kappa_D \approx 0,07619$), im Englischen beträgt er ca. 6,6 % ($\kappa_E \approx 0,06577$)[14].

Bei zufällig verteilten Texten erhält man durch ungefähres Auflösen der Gleichung 3.3 ca. 3,85 %
(s. Anhang B.2).

3.4.2 Schlüssellänge eines Vigenére-Textes ermitteln

Unter der Annahme, dass es sich um eine deutsche Vigenère-Chiffre handelt und dass l kleiner
als 0,0762 ist (wäre I = 0,0762, so wäre der Text offensichtlich monoalphabetisch verschlüsselt),
zerlegt man den verschlüsselten Text nun in einzelne Spalten (s. Anhang B.2.2). Jede Spalte
bildet dabei eine monoalphabetische Chiffre.

Sei n die Länge des Textes und l die Schlüsselwortlänge, so ergibt sich zur annähernden Berech-
nung von l folgende Formel (Herleitung s. Anhang B.2.3):

$$l \approx \frac{0,0377n}{(n-1)I - 0,0385n + 0,0762} \tag{3.4}$$

---

[14]   Vgl. Bauer (2000), S. 326

4 Moderne Kryptographie

4.1 RSA-Kryptosystem

Bei der *RSA-Verschlüsselung*, ein *Public-Key Kryptosystem*, handelt es sich um ein *asymmetrisches Verfahren*, d. h. es basiert auf dem Einsatz von Schlüsselpaaren, wobei dieses zum einen aus einem geheimen bzw. einem privaten Schlüssel (engl.: *private key*) und zum anderen aus einem öffentlichen Schlüssel (engl.: *public key*) besteht[15].

Man verschlüsselt dabei mit dem öffentlich zugängigen *Public Key*, entschlüsselt werden kann die Nachricht jedoch nur mit dem geheimen *Private Key* (vgl. Anhang C).

4.1.1 Historisches

Das Prinzip der RSA-Verschlüsselung wurde 1977 von Ronald L. Rivest, Adi Shamir and Leonard M. Adleman am *Massachusetts Institute of Technology* (MIT) entwickelt. Ihre Überlegungen basierten dabei auf der Theorie der Public-Key-Kryptographie [16] von Whitfield Diffie und Martin Hellman.

4.1.2 Effektivität der Sicherheit

Die Effektivität von Public-Key-Kryptosystemen, und damit auch die von RSA, basiert unter anderem auf mathematischen Problemen, Berechnungen in eine Richtung relativ einfach durchführen zu können, vice versa jedoch nicht[17].

Dies gilt z. B. für die Multiplikation von Primzahlen, deren Produkt sich meist einfach berechnen lässt, die Zerlegung des Produktes in Primfaktoren ist bei sehr großen Primzahlen aber nicht mehr möglich. Besser gesagt, ist bis heute kein angemessener Algorithmus bekannt, der dieses in angemessener Zeit bewerkstelligen kann.

4.1.3 Algorithmus und Beispiel

Angenommen, Bob möchte an Alice[18] eine Nachricht übermitteln, die von Eve[19] nicht entziffert werden darf, sollte sie diese abfangen.

Die Funktionsweise des RSA-Verfahrens lässt sich nun exemplarisch am folgenden Beispiel erläutern[20]:

---

[15] Vgl. Hansen et al. (2009), S. 393 f.
[16] DIFFIE, WHITFIELD UND HELLMANN, MARTIN: *New directions in cryptography* (1976)
[17] Vgl. Zimmermann (1998), S. 111
[18] Die Namen *Bob und Alice* symbolisieren in der Literatur Sender und Empfänger.
[19] Eve (vom *engl.* eavesdropper *dt.* Lauscher) stellt in der Literatur einen passiven Angreifer dar. Sie versucht, Nachrichten abzuhören, kann diese jedoch nicht verändern
[20] Das Beispiel basiert auf den Angaben von Singh (2006), S. 436 ff.; sowie Hansen et al. (2009), S. 394

1. Zunächst muss Alice zwei sehr große Primzahlen wählen. Zur vereinfachten Darstellung wird für $p = 17$ und für $q = 11$ angenommen.

2. Nun müssen diese beiden Primzahlen miteinander multipliziert werden, um das benötigte n zu erhalten:

$$n = p \times q = 17 \times 11 = 187 \qquad (4.1)$$

3. Als Nächstes muss ein e gefunden werden, dass als Bedingung die Teilerfremdheit mit $\varphi(n)$ besitzt, d. h.

$$\mathrm{ggT}\left(\varphi(n), e\right) = 1; \qquad 1 < e < \varphi(n) \qquad (4.2)$$

Sei $\varphi(n) = (p-1)(q-1) = (17-1)(11-1) = 16 \times 10 = 160$, dann ergibt sich z. B. $e = 3$, womit beide genannten Bedingungen erfüllt sind[21].

4. e und n stellen den öffentlichen Schlüssel (engl.: public key) dar. In Abhängigkeit von e und $\varphi(n)$ wird nun der private Schlüssel (engl.: private key) d wie folgt errechnet

$$d \times e \mod \varphi(n) = 1 \qquad (4.3)$$

Seien $e = 3 \wedge \varphi(187) = 160$, so ergibt sich für $d = 107$.

5. Die benötigten Randbedingungen sind erfüllt und Bob kann nun mittels dem öffentlichen Schlüssel von Alice eine Nachricht wie folgt verschlüsselt übertragen:

$$c_i = m_i^e \mod n \quad \wedge \quad m_i < n \qquad (4.4)$$

Die Nachricht wird numerisch codiert, d. h. für jeden Buchstaben bzw. jedes Zeichen wird der ASCII-Wert verwendet:

m_1	m_2	m_3	m_4
F	H	D	W
06	08	04	23

F bzw. die numerische Codierung 06 wird nun verschlüsselt.

---

[21] Es hätte u. a. für e auch jede andere Primzahl gewählt werden können, für die $1 < e < \varphi(n)$ gilt.

Die Bedingung $m_1 < n = 6 < 187$ ist erfüllt.

$$c_1 = m_1{}^e \quad \bmod n \tag{4.5}$$

$$c_1 = 6^3 \quad \bmod 187 \tag{4.6}$$

$$c_1 = 29 \tag{4.7}$$

Bob erhält für $c_1 = 29$ und verfährt mit dem restlichen Teil der Nachricht genauso. Das Ergebnis übermittelt er dann erschließend an Alice.

6. Alice kann ihrerseits die erhaltene Nachricht nun wie folgt entschlüsseln:

$$m_1 = c_1{}^d \quad \bmod n \tag{4.8}$$

$$m_1 = 29^{107} \quad \bmod 187 \tag{4.9}$$

$$m_1 = 6 \tag{4.10}$$

Auch sie verfährt mit dem restlichen Teil der Nachricht $(m_2, m_3, \cdots, m_n)$ genauso wie für m_1 und erhält am Schluss die entschlüsselte Nachricht.

Da Exponenten in der modularen Arithmetik Einwegfunktionen darstellen, kann *Eve* die unter Umständen abgefangene, verschlüsselte Nachricht nicht entschlüsseln. Es ist nach heutigem Stand sehr schwer bis unmöglich, von $c_1 = 29$ auf das ursprüngliche $m_1 = 6$ zu schließen.

5 Authentifizierung

5.1 Zero-Knowledge

Die grundlegende Idee des Zero-Knowledge-Verfahrens basiert auf dem Paradigma, das verwendete Geheimnis nicht preiszugeben, sondern dem Gegenüber lediglich zu zeigen, im Besitz dessen zu sein. Es dient einzig zur eindeutigen Identifizierung.

5.1.1 Die geheime Tür

Jean-Jacques Quisquater beschreibt in „HOW TO EXPLAIN ZERO-KNOWLEDGE PROTO-COLS TO YOUR CHILDREN"[22] recht anschaulich die Funktionalität von Zero Knowledge.

Im Folgenden möchte Peggy Victor [23] beweisen, dass sie im Besitz des Geheimnisses ist, um durch die geheime Tür in der Höhle zu gehen. Dabei soll das Geheimnis selbst aber nicht genannt werden.

Vielmehr nimmt Peggy einen der beiden Gänge, wobei Victor nicht sehen kann, ob sie nun den linken oder den rechten Gang wählt (vgl. Anhang D). Sobald sie auf der anderen Seite angekommen ist, teilt Victor ihr mit, durch welchen Gang sie wieder zurückkommen soll. Peggy kann Glück haben und „zufällig" genau den Gang wählen, durch welchen Victor sie zurückruft. Beim ersten Durchgang liegt die Wahrscheinlichkeit dafür bei 50 %.

Aus diesem Grund wird das Prozedere n-fach wiederholt. Mit jedem Durchlauf, bei dem Peggy aus dem richtigen Gang wieder zurückkommt, steigt die Wahrscheinlichkeit, dass sie tatsächlich im Besitz des Geheimnisses ist, um die Tür zu öffnen, auch wenn es sich um keinen tatsächlichen Beweis handelt (z. B. könnte ein Dritter behaupten, die beiden hätten sich für alle Versuche zuvor abgesprochen).

Sei n die Anzahl der Durchläufe, bei denen Victor Peggy durch einen Gang zurückruft, dann beträgt die Wahrscheinlichkeit, dass Peggy bei 100 Wiederholungen[24] Glück hat und Victor täuschen kann:

$$\left(\frac{1}{2}^n\right) = 2^{-n} = 2^{-100} \approx 10^{-30} \tag{5.1}$$

---

[22]   Vgl. Quisquater et al. (1989), S. 628 ff.
[23]   Peggy: vom *engl.* prover, steht für den *Beweiser*; Victor: vom *engl.* verifier, steht für den *Prüfer*
[24]   Vgl. Ertel (2007), S. 105

5.1.2 Fiat-Shamir-Protokoll

Historisches

Zu den bekanntesten Algorithmen des Zero-Knowledge-Verfahrens zählt sicherlich das *Fiat-Shamir-Protokoll*. Zusammen mit Amos Fiat entwarf Adi Shamir 1986 den ersten praktischen Ansatz des Zero-Knowledge-Verfahrens. Die theoretische Grundlage dafür hatten ein Jahr zuvor die amerikanischen Informatiker Shafrira „Shafi" Goldwasser, Silvio Micali und Charles Rackoff in ihrer Abhandlung „THE KNOWLEDGE COMPLEXITY OF INTERACTIVE PROOF-SYSTEMS" geliefert[25].

Das Fiat-Shamir-Protokoll basiert grundlegend auf der Schwierigkeit, Quadratwurzeln modulo n zu berechnen, wenn die Faktorisierung von n nicht bekannt ist[26].

Algorithmus und Beispiel

Angenommen, Peggy möchte sich gegenüber Victor authentisieren, ohne das eigentliche vereinbarte Geheimnis preisgeben zu müssen. Das *Fiat-Shamir-Protokoll* definiert dabei folgende Vorgehensweise:

1. Peggy lässt sich zunächst von Trent[27] ein n ausstellen, das sich als Produkt von p und q definiert. Beide Faktoren sind wie beim RSA-Verfahren sehr große Primzahlen.

$$n = p \times q \tag{5.2}$$

   Zur vereinfachten Darstellung seien $p = 17$ und $q = 11$.

2. Nun muss sie ein zu n primes Geheimnis $s \in \mathbb{N}$ wählen, dass einzig ihr bekannt ist.

3. Anhand von s und n berechnet sie nun v, wobei $s = 69$ sei:

$$v \equiv s^2 \quad \mathrm{mod}\, n \tag{5.3}$$

$$v \equiv 69^2 \quad \mathrm{mod}\, 187 \tag{5.4}$$

$$v = 86 \tag{5.5}$$

Das erstellte v hinterlegt sie bei Trent.

---

[25] Vgl. Beutelspacher (2002), S. 91
[26] Vgl. Fiat et al. (1987), S. 187
[27] Vom *engl.* TRusted ENTity, steht für eine dritte, *vertrauenswürdige Instanz* wie bspw. ein Notar

4. Im Folgenden wählt Peggy eine Zufallszahl $r = 34$ und berechnet x, welches sie an Victor übermittelt:

$$x \equiv r^2 \quad \mod n \tag{5.6}$$

$$x \equiv 34^2 \quad \mod 187 \tag{5.7}$$

$$x = 34 \tag{5.8}$$

5. Victor wählt seinerseits nun ein Zufallsbit $e \in \{0, 1\}$, welches er an Peggy zurückschickt. Sei $e = 1$.

6. Nun muss Peggy wieder einen Wert berechnen, nämlich y, welches anschließend erneut an Victor geschickt wird.

$$y = r \times s^e \quad \mod n \tag{5.9}$$

$$y = 34 \times 69^1 \quad \mod 187 \tag{5.10}$$

$$y = 102 \tag{5.11}$$

7. Victor kann Peggy nun mittels ihrem öffentlichen Schlüssel v, welchen er von Trent erhält, verifizieren. Dazu berechnet er:

$$y^2 \equiv v^e \times x \quad \mod n \tag{5.12}$$

$$102^2 \equiv 86^1 \times 34 \quad \mod 187 \tag{5.13}$$

$$119 = 119 \tag{5.14}$$

Peggy wurde also erfolgreich verifiziert.

Das Prozedere wird beliebig oft wiederholt. Mit jedem erfolgreichen Durchlauf n steigt bei Victor die Glaubwürdigkeit von Peggy, tatsächlich im Besitz des Geheimnisses zu sein. Angenommen n sei der Einfachheit halber 10, so ist Victor bereits zu 99,9 % sicher, dass Peggy glaubwürdig ist:

$$1 - \left(\frac{1}{2}\right)^n = 1 - \left(\frac{1}{2}\right)^{10} \approx 0,9990234 \tag{5.15}$$

Schwächen

Da die Zufallszahl r essentiell ist und in Beziehung zu dem Zufallsbit $e \in (0, 1)$ steht, wäre es fatal, das gleiche r sowohl mit $e = 0$, als auch für $e = 1$ zu verwenden, denn damit könnte ein Angreifer den geheimen Schlüssel zurückrechnen[28].

Sei r für i.) $e = 0 \quad \wedge \quad$ ii.) $e = 1$ gleich:

1. $y_0 \equiv r \times s^0 \bmod n$

2. $y_1 \equiv r \times s^1 \bmod n$

Nun könnte ein Angreifer s berechnen, indem die Formel wie folgt umgestellt wird:

$$s \equiv \frac{y_1}{r} \equiv \frac{y_1}{y_0} \bmod n \tag{5.16}$$

s wäre also kein Geheimnis mehr.

---

28   Vgl. Wikipedia (2011)

6 Zusammenfassung und Ausblick

Kryptographie spielt auch in der Gegenwart eine entscheidende Rolle. Wie einleitend geschrieben, ist sie *alltäglich und allgegenwärtig*: Beim Einkauf im Supermarkt oder beim Geldabheben am Bankautomaten (EC-Karten, Kreditkarten), im Internet (z. B. E-Mail, Webshops und Online-Banking), im heimischen WLAN (WPA, WPA2, AES) oder bei TV-Übertragungen (PayTV wie Sky). Überdies wird sie zur Authentifizierung genutzt und ersetzt mittels digitalen Signaturen die klassische Unterschrift.

Umso bedeutungsvoller ist die Weiterentwicklung sicherer Verfahren: Die Geschichte hat gezeigt, dass nahezu alle Verfahren, zumindest der klassischen Kryptographie, gebrochen werden konnten. Aber auch die meisten modernen Verfahren gelten nur solange als sicher, bis es ein geeignetes Verfahren gibt, sie in angemessener Zeit zu brechen.

Damit hat auch die vermeintliche Sicherheit von Verfahren wie RSA eher den Charakter einer Pseudo-Sicherheit: Bereits 2003 hat Adi Shamir, Mitentwickler des RSA-Kryptosystems, zusammen mit Eran Tromer die Abhandlung „ON THE COST OF FACTORING RSA-1024" veröffentlicht, in welcher sie die Möglichkeiten zur Faktorisierung großer Zahlen beschreiben. Auch wurde von Ihnen geäußert, dass unter dem Einsatz von rund 10 Millionen US-Dollar eine entsprechende Hardware gebaut werden könnte, die RSA-Schlüssel mit einer Länge von 1024 Bit innerhalb eines Jahres brechen könnte[29]. In jüngster Vergangenheit tauchten neue Schwachstellen auf, wonach die Zufallszahlen, die RSA verwendet, nicht zufällig genug sind[30].

Die Überarbeitung bestehender Mechanismen und die Entwicklung neuer Verfahren stellt also eine signifikante Aufgabe für die Zukunft dar, auch um vorrangig die Privatsphäre aller zu schützen.

---

[29] Vgl. Shamir et al. (2003), S. 10 ff.
[30] Vgl. Strassmann (2012)

Anhang

Anhangsverzeichnis

A Klassische Kryptographie

A.1 Tabula Recta

Im Folgenden eine Darstellung der verwendeten *Tabula recta*:

	A	B	C	D	E	F	G	H	I	J	K	L	M	N	O	P	Q	R	S	T	U	V	W	X	Y	Z
A	A	B	C	D	E	F	G	H	I	J	K	L	M	N	O	P	Q	R	S	T	U	V	W	X	Y	Z
B	B	C	D	E	F	G	H	I	J	K	L	M	N	O	P	Q	R	S	T	U	V	W	X	Y	Z	A
C	C	D	E	F	G	H	I	J	K	L	M	N	O	P	Q	R	S	T	U	V	W	X	Y	Z	A	B
D	D	E	F	G	H	I	J	K	L	M	N	O	P	Q	R	S	T	U	V	W	X	Y	Z	A	B	C
E	E	F	G	H	I	J	K	L	M	N	O	P	Q	R	S	T	U	V	W	X	Y	Z	A	B	C	D
F	F	G	H	I	J	K	L	M	N	O	P	Q	R	S	T	U	V	W	X	Y	Z	A	B	C	D	E
G	G	H	I	J	K	L	M	N	O	P	Q	R	S	T	U	V	W	X	Y	Z	A	B	C	D	E	F
H	H	I	J	K	L	M	N	O	P	Q	R	S	T	U	V	W	X	Y	Z	A	B	C	D	E	F	G
I	I	J	K	L	M	N	O	P	Q	R	S	T	U	V	W	X	Y	Z	A	B	C	D	E	F	G	H
J	J	K	L	M	N	O	P	Q	R	S	T	U	V	W	X	Y	Z	A	B	C	D	E	F	G	H	I
K	K	L	M	N	O	P	Q	R	S	T	U	V	W	X	Y	Z	A	B	C	D	E	F	G	H	I	J
L	L	M	N	O	P	Q	R	S	T	U	V	W	X	Y	Z	A	B	C	D	E	F	G	H	I	J	K
M	M	N	O	P	Q	R	S	T	U	V	W	X	Y	Z	A	B	C	D	E	F	G	H	I	J	K	L
N	N	O	P	Q	R	S	T	U	V	W	X	Y	Z	A	B	C	D	E	F	G	H	I	J	K	L	M
O	O	P	Q	R	S	T	U	V	W	X	Y	Z	A	B	C	D	E	F	G	H	I	J	K	L	M	N
P	P	Q	R	S	T	U	V	W	X	Y	Z	A	B	C	D	E	F	G	H	I	J	K	L	M	N	O
Q	Q	R	S	T	U	V	W	X	Y	Z	A	B	C	D	E	F	G	H	I	J	K	L	M	N	O	P
R	R	S	T	U	V	W	X	Y	Z	A	B	C	D	E	F	G	H	I	J	K	L	M	N	O	P	Q
S	S	T	U	V	W	X	Y	Z	A	B	C	D	E	F	G	H	I	J	K	L	M	N	O	P	Q	R
T	T	U	V	W	X	Y	Z	A	B	C	D	E	F	G	H	I	J	K	L	M	N	O	P	Q	R	S
U	U	V	W	X	Y	Z	A	B	C	D	E	F	G	H	I	J	K	L	M	N	O	P	Q	R	S	T
V	V	W	X	Y	Z	A	B	C	D	E	F	G	H	I	J	K	L	M	N	O	P	Q	R	S	T	U
W	W	X	Y	Z	A	B	C	D	E	F	G	H	I	J	K	L	M	N	O	P	Q	R	S	T	U	V
X	X	Y	Z	A	B	C	D	E	F	G	H	I	J	K	L	M	N	O	P	Q	R	S	T	U	V	W
Y	Y	Z	A	B	C	D	E	F	G	H	I	J	K	L	M	N	O	P	Q	R	S	T	U	V	W	X
Z	Z	A	B	C	D	E	F	G	H	I	J	K	L	M	N	O	P	Q	R	S	T	U	V	W	X	Y

B Klassische Kryptographie

B.1 Kasiski-Test: Beispiel

Sei folgende Chiffre gegeben, die auf wiederholende Folgen mit der Mindestlänge drei untersucht
wird:

```
HAKIT  MOAOD  DIELK  ERNAD  BBVDK  YGHUD  LFFKN
HTSMT  ELQIY  EANKN  ASKDO  LZRFR  LIGMD  ZSUZD
DLGMT  KLHVJ  EKHZJ  LLNTR  LBGPG  SPRVD  HZFFY
JVEQZ  ALVVD  KWRFL  HZFKN  LLEQI  OHHVM  EOAOK
ZSUMT  SCEMS  EWCAA  TLQWR  VFKAO  ALNUK  ALPWT
```

Die sich wiederholenden Folgenden werden nun tabellarisiert dargestellt und in ihre Primfaktoren
zerlegt.

Folge	Abstand	Primfaktoren
OAO	130	$2 \times 5 \times 13$
VDK	91	7×13
FKN	90	$2 \times 3 \times 3 \times 5$
ZSU	75	$3 \times 5 \times 5$
HZF	20	$2 \times 2 \times 5$

Tab. 3: Kasiski-Test

Da nur Schlüssellängen mit einer Mindestlänge von drei Stellen betrachtet werden, fällt die
Primzahl 2 heraus. Ebenso können (bezogen auf den kurzen zu analysierenden Text) die Längen 7
und 13 der Folge *VDK* als Ausreißer betrachtet werden. In diesem Fall ist die Wahrscheinlichkeit
hoch, dass die Schlüssellänge entweder drei oder fünf beträgt. Letztere ist tatsächlich auch die
gesuchte Schlüssellänge.

B.2 Friedman-Test

B.2.1 Koinzidenzindex eines durchschnittlichen Textes

$$IC = \frac{\sum\limits_{i=1}^{26} n_i \times (n_i - 1)}{n \times (n-1)} \tag{B.1}$$

$$\approx \frac{\sum\limits_{i=1}^{26} n_i^2}{n^2} \tag{B.2}$$

$$= \frac{\sum\limits_{i=1}^{26} \frac{n}{26}^2}{n^2} \tag{B.3}$$

$$= \frac{\frac{n^2}{26}}{n^2} \tag{B.4}$$

$$= \frac{1}{26} \approx 0,0385 \tag{B.5}$$

B.2.2 Zerlegung des Geheimtextes in einzelne Spalten

Sei l die Länge des Schlüsselwortes.

S_1	S_2	S_3	$\ldots$	S_l
$l+1$	$l+2$	$l+3$	$\ldots$	$2l$
$2l+1$	$2l+2$	$2l+3$	$\ldots$	$3l$
$3l+1$	$3l+2$	$3l+3$	$\ldots$	$4l$
$4l+1$	$4l+2$	$4l+3$	$\ldots$	$5l$
$\ldots$				

Tab. 4: Friedman-Test: Zerlegung des Geheimtextes in Spalten

B.2.3 Herleitung von l

Sei n die Textlänge und l die Anzahl der Teiltexte, so stehen in jeder Spalte $\frac{n}{l}$ Buchstaben. Für den ersten Buchstaben des Schlüsselwortes gibt es damit n-Möglichkeiten, für den zweiten Buchstaben gibt es $(\frac{n}{l} - 1)$ Möglichkeiten.[31]

Für die Anzahl der Paare einer gleichen Spalte gilt:

$$\frac{1}{2} \times \frac{n}{l}\left(\frac{m}{l} - 1\right) \times l = \frac{n(n-1)}{2l} \tag{B.6}$$

---

[31] Vgl. Ertel (2007), S. 42f; und Völler (2003), S. 80 ff.

Für die Anzahl der Paare aus verschiedenen Teiltexten gilt:

$$\frac{1}{2} \times n\left(n - \frac{n}{l}\right) = \frac{n^2(l-1)}{2l} \tag{B.7}$$

Die Anzahl aller gleichen Buchstabenpaare lässt sich damit durch

$$0,0762 \times \frac{n(n-1)}{2l} + 0,0385 \times \frac{n^2(l-1)}{2l}$$

bestimmen. Dividiert man diesen Wert durch $\frac{n(n-1)}{2}$, so erhält man die Wahrscheinlichkeit für ein Buchstabenpaar. Diese muss ungefähr gleich dem Koinzidenzindex **I** sein. Daraus ergibt sich folgende Schreibweise:

$$\mathbf{I} \approx \frac{(0,0762 - 0,0385)\,n}{l\,(n-1)} + \frac{0,0385n - 0,0762}{n-1}$$

Nach l umgestellt erhält man die ungefähre Länge des Schlüsselwortes:

$$l \approx \frac{0,0377n}{(n-1)I - 0,0385n + 0,0762}$$

C Moderne Kryptographie

C.1 Prinzip der RSA-Verschlüsselung

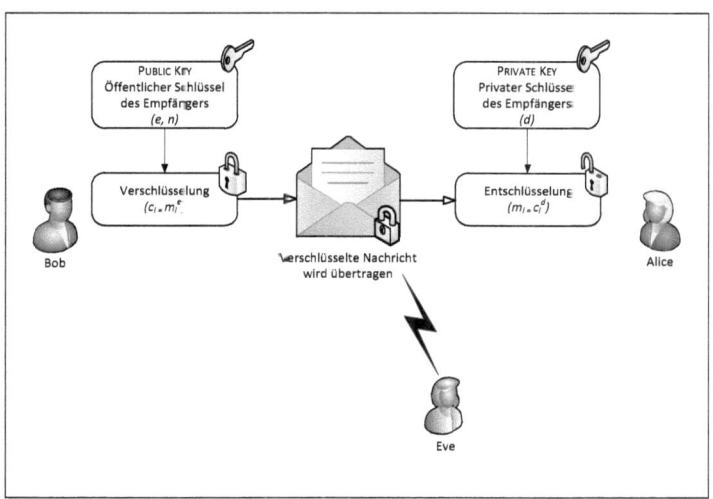

Abb. 1: Prinzip der RSA-Verschlüsselung
Quelle: Eigene Darstellung in Anblehung an Hansen et al. (2009), S. 393 f.

D Authentifizierung

D.1 Die geheime Tür

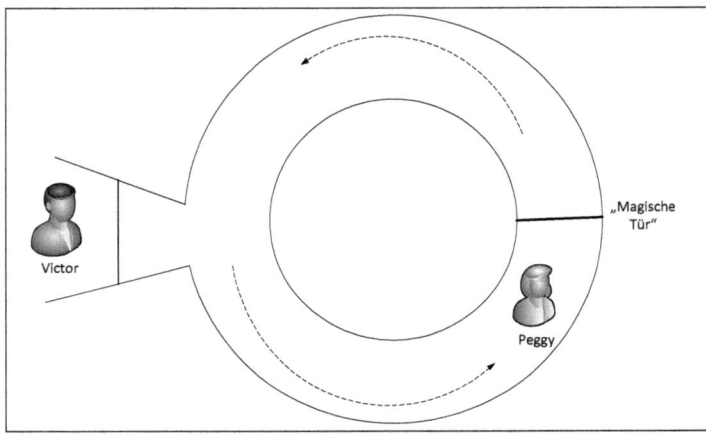

Abb. 2: Zero Knowledge: Die geheime Tür
  Quelle: Eigene Darstellung in Anblehung an Quisquater et al. (1989), S. 628 ff.

Quellenverzeichnis

Monographien und Sammelbände

Bauer, Friedrich L. (2000): *Entzifferte Geheimnisse: Methoden Und Maximen Der Kryptologie.* Berlin, Heidelberg und New York: Springer.

Beutelspacher, Albrecht (2002): *Geheimsprachen. Geschichte und Techniken.* 4. Auflage. München: C. H. Beck.

Bronstein, Ilja N.; Semendjajew, K. A.; Musiol, Gerhard; Muehlig, Heiner (2008): *Taschenbuch der Mathematik.* 7. Auflage. Thun, Frankfurt am Main: Harri Deutsch Verlag.

Ertel, Wolfgang (2007): *Angewandte Kryptographie.* 3. Auflage. München, Wien: Hanser Verlag.

Hansen, Hans Robert; Neumann, Gustaf (2009): *Wirtschaftsinformatik 1 - Grundlagen und Anwendungen.* 10. Auflage. Stuttgart: Lucius & Lucius.

Schneier, Bruce (1996): *Applied cryptography - protocols, algorithms, and source code in C.* New York: Wiley.

Singh, Simon (2006): *Geheime Botschaften : die Kunst der Verschlüsselung von der Antike bis in die Zeiten des Internet.* München Dt. Taschenbuch-Verlag.

Völler, Reinhard (2003): *Kryptologie - Eine Einführung.* Techn. Ber. Hamburg: HAW Hamburg.

Zeitschriften und Veröffentlichungen

Shamir, Adi; Tromer, Eran (2003): „On the Cost of Factoring RSA-1024". In: *RSA CryptoBytes* No. 6, S. 10–19.

Strassmann, Burkhard (2012): „Zufällige Sicherheit". In: *Die ZEIT* Nr. Nr. 19. [Die ZEIT Online-Archiv, Online, abgerufen am 27. Mai 2012]. URL: http://www.zeit.de/2012/19/ N-zufaellige-Zahlenreihen.

Zimmermann, Philip R. (1998): „Cryptography for the Internet". In: *Scientific American, Inc.* S. 111.

Webquellen

Hebisch, Udo (2010a): *Die Tabula Recta von Trithemius.* Website. [Online, abgerufen am 22. April 2012]. URL: http://www.mathe.tu-freiberg.de/~hebisch/cafe/kryptograph ie/trithemius.html.

Hebisch, Udo (2010b): *Verschlüsselung nach Caesar*. Website. [Online, abgerufen am 07. April 2012]. URL: http://www.mathe.tu-freiberg.de/~hebisch/cafe/kryptographie/caesar.html.

Tranquillus, Gaius Suetonius: *De Vita Caesarum*. Website. [Online, abgerufen am 20. Mai 2012]. URL: http://penelope.uchicago.edu/Thayer/L/Roman/Texts/Suetonius/12Caesars/Julius*.

Wikipedia (2011): *Fiat-Shamir-Protokoll — Wikipedia, Die freie Enzyklopädie*. [Online; abgerufen am 27. Mai 2012]. URL: http://de.wikipedia.org/w/index.php?title=Fiat-Shamir-Protokoll&oldid=96523518.